寫·金剛經

讀誦、書寫金剛經，能斷一切執著

學會應無所住而生其心，圓融自在。

── 張明明 範帖書寫 ──

本書使用方法

字安則心安，字穩則心定。

出版「寫經寫字系列」的起心動念，很單純，就是給自己一段時間好好寫字，感受筆落紙上，在一筆一畫中重新回歸身心的安定力量。

惶惶不安有時，焦慮難耐有時，疫情天災更放大了不安穩與不確定，當你感到混亂的時候，就來寫字吧。

寫什麼都可以，從寫經入手，為的是在專心摹寫的過程裡，可以收斂自己紛雜的心緒，可以在呼吸落筆之間收束意念，修習定的工夫。

時至今日，寫經除了傳統概念上的「抄經以利佛法流傳」的發心祈願外，不是佛教徒同樣也可以藉由寫經傳遞與人結善緣的祝福心意，無須心有罣礙。

該如何開始寫？選擇一個喜歡的版本當然是最重要的，如果是佛教徒的話，可以遵循宗教儀軌，先沐手，端身就坐，收攝身心，默唸〈開經偈〉一遍。然後開始寫經，寫完之後再恭頌〈迴向偈〉。

若是只是想單純藉由寫經來練字定心，專念一意是最重要的，字醜字美有無錯漏都不需懊惱，錯字旁畫○，在空白處補上正確的字，無須塗改，繼續書寫即可。

當你想把寫經的祝福心意傳遞給他人時，可以在寫完經文之後，寫下①當天日期，②寫經人姓名，③迴向（默想傳送心意）給祝福的人，這樣就可以將你的誠懇心意圓滿表達。

本次出版的《寫・金剛經》，版本格式選擇的是二十五開本，裝幀則採用比一般平裝書在製作上更費時費工的穿線裸背裝訂，最主要的目的是可以一百八十度完全攤平，更方便書寫，書寫時更能凝心致意。

【關於金剛經】

《金剛經》全稱為《金剛般若波羅蜜經》（也譯做《佛說能斷金剛般若波羅蜜多經》）。是釋迦牟尼佛在「祇樹給孤獨園」為長老須菩提宣說的經典。

收錄在大藏經中的《金剛經》有六種譯本，其中以姚秦．鳩摩羅什譯本流傳最廣。《金剛經》共計五千八百三十七字，原始經文並沒有分章品，而鳩摩羅什譯本的《金剛經》分成三十二章，這是南朝梁武帝時的昭明太子為了方便理解經文所做的分法。《寫．金剛經》經文附有句讀，方便邊寫邊唸誦，掌握節奏，但格式仍依佛經原始版本，採連寫方式，不分章品。

本書經文採用鳩摩羅什譯本。

張明明老師的書寫範帖，是臨摹溥心畬先生五〇年代所寫的《金剛般若波羅蜜經》。這是溥心畬先生應福建居士嚴笑棠之請而書，秀朗雅致、氣韻生動。

【關於開經偈與迴向偈】

如果有宗教信仰的話，可以在開始寫經之前，端正心意默唸〈開經偈〉：「無上甚深微妙法，百千萬劫難遭遇；我今見聞得受持，願解如來真實義。」

寫經完成之後，端正誦念〈迴向偈〉：「願消三障諸煩惱，願得智慧真明了；普願災障悉消除，世世常行菩薩道。」

迴向偈版本眾多，提供給大家誦念的版本，據說出自唐朝懷海法師《百丈叢林清規證義記》。

一起來寫好字

張明明

手寫文字，在數位時代特別覺得有溫度。想寫一手好字，起心動念是一切的開始。動手寫，養成習慣，才能在過程中孕育熱情，持續寫下去。因為書寫工具的不同，大致可以區分為硬筆字和軟筆字。軟筆（毛筆）比起硬筆，最大的差異在於毛筆的不易控制，相對的也比較不容易上手。而硬筆便於攜帶與取得，在練習便利性上大大的加分，但無論是使用哪一種書寫工具，練習時都需要使用一些技巧來讓字寫得更好看，而這些技巧是不分軟硬筆都能共通的。

一、首先是「筆」

工欲善其事，必先利其器，選對適合的筆是寫字的第一步。方便現代人隨時可以練字的硬筆種類，常見的有鉛筆、原子筆、鋼筆、中性筆等等。選筆時優先考量的是書寫出墨順暢，大體而言：鉛筆可以表現出顏色深淺及線條粗細；原子筆最容易取得，但隨著使用時間增長，筆尖易磨損，出墨不順；中性筆出墨流暢，線條輕重容易控制，是大多數人喜愛的筆類；鋼筆使用的壽命長，不同筆尖可以寫出類似書法線條的效果。每種筆各有優缺點，多方嘗試各種筆的特性，就容易找到最適合自己的筆。

二、再來是「帖」

以古為師，以帖為宗，這是萬變不離其宗的法門。剛開始練習寫字，「選什麼字帖？從哪一種字體開始入門？」是大家最常問的問題。這個問題沒有標準答案，但無論選擇什麼，關鍵都在於：必須臨摹古帖，師古人。以古為今，先摹再臨最為上策。也就是古人云：「取法乎上，僅得其中，取法乎中，僅得其下。」記得我小時候剛練字時，科技用品不如現在發達，為了要摹古帖，還特別到照片行買了二手的幻燈片燈箱，將影印來的字帖放在燈箱上，用描摹紙摹字練習。先學其形，再學其神，最後期望達到形神兼備。適合用硬筆來練習的古帖，從「容易上手」跟「考慮硬筆字工具限制」這兩點來看，我建議的楷書臨帖首選是王羲之《樂毅論》、文徵明《落花詩冊》、趙孟頫《道德經》等，這幾本帖子結體合乎法度，筆筆交代清楚，古樸秀逸，對初學者來說是很不錯的選擇。

三、學會握筆姿勢

「指實掌虛，腕平掌豎」是書法用筆的基本大法。在今日，以硬筆執筆，指實掌虛亦是不變的法則。也就是拇指、食指，中指確實握好筆管，掌心則空隙則好像可以容下雞蛋，這樣一來就能運轉自如，無窒礙之勢。請試試看這個握筆心法，多練習幾次，應該會發現寫出來的字跟以前不一樣。

四、堅持每天寫一段時間

記得高中時期，同學都埋頭書堆，我則是每天跟毛筆相處，直至今日才感受到跟筆的感情歷久彌新。

每天抽出一段時間，把心靜下來跟筆培養感情。寫字是水磨功夫，只要願意開始練習，寫出一手好字不是妄想。字如其人，練字就是練心境，透過練字，可以感受到沉浸在其中的樂趣。

拿起筆來試試吧，期待你也能一起享受寫字的美好。

張明明老師

宜蘭人。現任職臺北市大龍國小教務主任。師事書法名家陳鏡聰先生、江育民先生。

多次獲得美展書法類優選，參加當代書藝展聯展。

長年抄經寫字練習不輟。

金剛般若波羅蜜經

姚秦天竺三藏鳩摩羅什譯

如是我聞一時佛在舍衛國祇樹給孤獨
園與大比丘眾千二百五十人俱爾時世
尊食時著衣持鉢入舍衛大城乞食於其
城中次第乞已還至本處飯食訖收衣鉢
洗足已敷座而坐時長老須菩提在大眾
中即從座起偏袒右肩右膝著地合掌恭
敬而白佛言希有世尊如来善護念諸菩

薩。善付囑諸菩薩。世尊。善男子善女人。發
阿耨多羅三藐三菩提心。云何應住。云何
降伏其心。佛言。善哉善哉。須菩提。如汝所
說。如來善護念諸菩薩。善付囑諸菩薩。汝
今諦聽。當為汝說。善男子善女人。發阿耨
多羅三藐三菩提心。應如是住。如是降伏
其心。唯然。世尊。願樂欲聞。佛告須菩提。諸
菩薩摩訶薩。應如是降伏其心。所有一切
衆生之類。若卵生。若胎生。若濕生。若化生。

若有色。若無色。若有想。若無想。若非有想
非無想。我皆令入無餘涅槃而滅度之。如
是滅度無量無數無邊衆生。實無衆生得
滅度者。何以故。須菩提。若菩薩有我相。人
相。衆生相。壽者相。即非菩薩。復次。須菩提。
菩薩於法。應無所住。行於布施。所謂不住
色布施。不住聲香味觸法布施。須菩提。菩
薩應如是布施。不住於相。何以故。若菩薩
不住相布施。其福德不可思量。須菩提。於

意云何。東方虛空可思量不。不也。世尊。須菩提。南西北方四維上下虛空。可思量不。不也。世尊。須菩提。菩薩無住相布施。福德亦復如是不可思量。須菩提。菩薩但應如所教住。須菩提。於意云何。可以身相見如来不。不也。世尊。不可以身相得見如来。何以故。如来所說身相。即非身相。佛告須菩提。凡所有相。皆是虛妄。若見諸相非相。則見如来。須菩提白佛言。世尊。頗有衆生。得聞如是言說章句。生實信不。佛告須菩提。
莫作是說。如来滅後後五百歲有持戒修
福者。於此章句。能生信心。以此為實。當知
是人。不於一佛二佛三四五佛而種善根。
已於無量千萬佛所。種諸善根。聞是章句。
乃至一念生淨信者。須菩提。如来悉知。悉
見。是諸眾生。得如是無量福德。何以故。是
諸眾生。無復我相。人相。眾生相。壽者相。無
法相。亦無非法相。何以故。是諸眾生。若心

取相。則為著我人衆生壽者。若取法相。即
著我人衆生壽者。何以故。若取非法相。即
著我人衆生壽者。是故不應取法。不應取
非法。以是義故。如来常説。汝等比丘。知我
説法。如筏喩者。法尚應捨。何況非法。須菩
提。於意云何。如来得阿耨多羅三藐三菩
提耶。如来有所説法耶。須菩提言。如我解
佛所説義。無有定法。名阿耨多羅三藐三
菩提。亦無有定法。如来可説。何以故。如来

所說法皆不可取。不可說。非法非非法。所
以者何。一切賢聖。皆以無為法。而有差別。
須菩提。於意云何。若人滿三千大千世界
七寶。以用布施。是人所得福德。寧為多不。
須菩提言。甚多。世尊。何以故。是福德。即非
福德性。是故如来說福德多。若復有人。於
此經中。受持乃至四句偈等。為他人說。其
福勝彼。何以故。須菩提。一切諸佛及諸佛
阿耨多羅三藐三菩提法。皆從此經出。須

菩提。所謂佛法者。即非佛法。須菩提。於意
云何。須陀洹能作是念。我得須陀洹果不。
須菩提言。不也。世尊。何以故。須陀洹名為
入流。而無所入。不入色聲香味觸法。是名
須陀洹。須菩提。於意云何。斯陀含能作是
念。我得斯陀含果不。須菩提言。不也。世尊。
何以故。斯陀含名一往來。而實無往來。是
名斯陀含。須菩提。於意云何。阿那含能作
是念。我得阿那含果不。須菩提言。不也。世

尊。何以故。阿那含名為不來。而實無不來。
是名阿那含。須菩提。於意云何。阿羅漢能
作是念。我得阿羅漢道不。須菩提言。不也。
世尊。何以故。實無有法。名阿羅漢。世尊。若
阿羅漢作是念。我得阿羅漢道。即為著我
人眾生壽者。世尊。佛說我得無諍三昧。人
中最為第一。是第一離欲阿羅漢。我不作
是念。我是離欲阿羅漢。世尊。我若作是念。
我得阿羅漢道。世尊則不說須菩提是樂

阿蘭那行者。以須菩提實無所行。而名須
菩提是樂阿蘭那行。佛告須菩提。於意云
何。如来昔在然燈佛所。於法有所得不。不
也。世尊。如来在然燈佛所。於法實無所得。
須菩提。於意云何。菩薩莊嚴佛土不。不也。
世尊。何以故。莊嚴佛土者。即非莊嚴。是名
莊嚴。是故須菩提。諸菩薩摩訶薩。應如是
生清淨心。不應住色生心。不應住聲香味
觸法生心。應無所住而生其心。須菩提。譬

如有人。身如須彌山王。於意云何。是身為
大不。須菩提言。甚大。世尊。何以故。佛說非
身。是名大身。須菩提。如恒河中所有沙數。
如是沙等恒河。於意云何。是諸恒河沙。寧
為多不。須菩提言。甚多。世尊。但諸恒河尚
多無數。何況其沙。須菩提。我今實言告汝。
若有善男子善女人。以七寶滿汝所恒河
沙數三千大千世界。以用布施。得福多不。
須菩提言。甚多。世尊。佛告須菩提。若善男

子善女人。於此經中。乃至受持四句偈等。
為他人說。而此福德。勝前福德。復次。須菩
提。隨說是經。乃至四句偈等。當知此處。一
切世間天人阿修羅。皆應供養。如佛塔廟。
何況有人盡能受持讀誦。須菩提。當知是
人。成就最上第一希有之法。若是經典所
在之處。即為有佛。若尊重弟子。爾時須菩
提白佛言。世尊。當何名此經。我等云何奉
持。佛告須菩提。是經名為金剛般若波羅

蜜以是名字汝當奉持所以者何須菩提
佛説般若波羅蜜即非般若波羅蜜須菩
提於意云何如来有所説法不須菩提白
佛言世尊如来無所説須菩提於意云何
三千大千世界所有微塵是為多不須菩
提言甚多世尊須菩提諸微塵如来説非
微塵是名微塵如来説世界非世界是名
世界須菩提於意云何可以三十二相見
如来不不也世尊不可以三十二相得見

如来何以故如来説三十二相即是非相
是名三十二相須菩提若有善男子善女
人以恒河沙等身命布施若復有人於此
經中乃至受持四句偈等為他人説其福
甚多爾時須菩提聞説是經深解義趣涕
淚悲泣而白佛言希有世尊佛説如是甚
深經典我從昔来所得慧眼未曾得聞如
是之經世尊若復有人得聞是經信心清
淨則生實相當知是人成就第一希有功

德世尊是實相者則是非相是故如来說
名實相世尊我今得聞如是經典信解受
持不足為難若當来世後五百歲其有衆
生得聞是經信解受持是人則為第一希
有何以故此人無我相人相衆生相壽者
相所以者何我相即是非相人相衆生相
壽者相即是非相何以故離一切諸相則
名諸佛佛告須菩提如是如是若復有人
得聞是經不驚不怖不畏當知是人甚為

希有。何以故。須菩提。如来說第一波羅蜜
即非第一波羅蜜。是名第一波羅蜜。須菩
提。忍辱波羅蜜。如来說非忍辱波羅蜜。何
以故。須菩提。如我昔為歌利王割截身體。
我於爾時無我相。無人相。無眾生相。無壽
者相。何以故。我於往昔節節支解時。若有
我相。人相。眾生相。壽者相。應生瞋恨。須菩
提。又念過去於五百世。作忍辱仙人。於爾
所世。無我相。無人相。無眾生相。無壽者相。

是故須菩提菩薩應離一切相發阿耨多
羅三藐三菩提心不應住色生心不應住
聲香味觸法生心應生無所住心若心有
住則為非住是故佛説菩薩心不應住色
布施須菩提菩薩為利益一切衆生應如
是布施如来説一切諸相即是非相又説
一切衆生即非衆生須菩提如来是真語
者實語者如語者不誑語者不異語者須
菩提如来所得法此法無實無虛須菩提

若菩薩心住於法而行布施。如人入闇。則
無所見。若菩薩心不住法而行布施。如人
有目。日光明照。見種種色。須菩提。當來之
世。若有善男子善女人。能於此經受持讀
誦。則為如來。以佛智慧。悉知是人。悉見是
人。皆得成就無量無邊功德。須菩提。若有
善男子善女人。初日分以恒河沙等身布
施。中日分復以恒河沙等身布施。後日分
亦以恒河沙等身布施。如是無量百千萬

億劫。以身布施。若復有人。聞此經典。信心
不逆。其福勝彼。何況書寫受持讀誦。為人
解說。須菩提。以要言之。是經有不可思議。
不可稱量。無邊功德。如來為發大乘者說。
為發最上乘者說。若有人能受持讀誦。廣
為人說。如來悉知是人。悉見是人。皆得成
就不可量。不可稱。無有邊。不可思議功德。
如是人等。則為荷擔如來阿耨多羅三藐
三菩提。何以故。須菩提。若樂小法者。著我

見人見眾生見壽者見。則於此經。不能聽
受讀誦。為人解說。須菩提。在在處處。若有
此經。一切世間天人阿修羅。所應供養。當
知此處。則為是塔。皆應恭敬。作禮圍繞。以
諸華香而散其處。復次。須菩提。善男子善
女人。受持讀誦此經。若為人輕賤。是人先
世罪業。應墮惡道。以今世人輕賤故。先世
罪業。則為消滅。當得阿耨多羅三藐三菩
提。須菩提。我念過去無量阿僧祇劫。於然

燈佛前。得值八百四千萬億那由他諸佛。悉皆供養。承事無空過者。若復有人。於後末世。能受持讀誦此經。所得功德。於我所供養諸佛功德。百分不及一。千萬億分。乃至算數譬喻所不能及。須菩提。若善男子善女人。於後末世。有受持讀誦此經。所得功德。我若具說者。或有人聞。心則狂亂。狐疑不信。須菩提。當知是經義不可思議。果報亦不可思議。爾時須菩提白佛言。世尊。

善男子善女人發阿耨多羅三藐三菩提
心。云何應住。云何降伏其心。佛告須菩提。
善男子善女人。發阿耨多羅三藐三菩提
心者。當生如是心。我應滅度一切衆生。滅
度一切衆生已。而無有一衆生實滅度者。
何以故。須菩提。若菩薩有我相人相衆生
相壽者相。則非菩薩。所以者何。須菩提。實
無有法。發阿耨多羅三藐三菩提心者。須
菩提。於意云何。如来於然燈佛所。有法得

阿耨多羅三藐三菩提不不也世尊如我
解佛所說義佛於然燈佛所無有法得阿
耨多羅三藐三菩提佛言如是如是須菩
提實無有法如來得阿耨多羅三藐三菩
提須菩提若有法如來得阿耨多羅三藐
三菩提者然燈佛則不與我授記汝於來
世當得作佛號釋迦牟尼以實無有法得
阿耨多羅三藐三菩提是故然燈佛與我
授記作是言汝於來世當得作佛號釋迦

牟尼。何以故。如来者。即諸法如義。若有人
言。如来得阿耨多羅三藐三菩提。須菩提。
實無有法。佛得阿耨多羅三藐三菩提。須
菩提。如来所得阿耨多羅三藐三菩提。於
是中無實無虛。是故如来說一切法。皆是
佛法。須菩提。所言一切法者。即非一切法。
是故名一切法。須菩提。譬如人身長大。須
菩提言。世尊。如来說人身長大。則為非大
身。是名大身。須菩提。菩薩亦如是。若作是

言我當滅度無量衆生則不名菩薩何以故須菩提實無有法名為菩薩是故佛説一切法無我無人無衆生無壽者須菩提若菩薩作是言我當莊嚴佛土是不名菩薩何以故如来説莊嚴佛土者即非莊嚴是名莊嚴須菩提若菩薩通達無我法者如来説名真是菩薩須菩提於意云何如来有肉眼不如是世尊如来有肉眼須菩提於意云何如来有天眼不如是世尊如

来有天眼須菩提於意云何如来有慧眼
不如是世尊如来有慧眼須菩提於意云
何如来有法眼不如是世尊如来有法眼
須菩提於意云何如来有佛眼不如是世
尊如来有佛眼須菩提於意云何如恒河
中所有沙佛説是沙不如是世尊如来説
是沙須菩提於意云何如一恒河中所有
沙有如是沙等恒河是諸恒河所有沙數
佛世界如是寧為多不甚多世尊佛告須

菩提爾所國土中所有衆生若干種心如
来悉知何以故如来説諸心皆為非心是
名為心所以者何須菩提過去心不可得
現在心不可得未来心不可得須菩提於
意云何若有人滿三千大千世界七寶以
用布施是人以是因緣得福多不如是世
尊此人以是因緣得福甚多須菩提若福
德有實如来不説得福德多以福德無故
如来説得福德多須菩提於意云何佛可

以具足色身見不。不也。世尊。如来不應以
具足色身見。何以故。如来說具足色身即
非具足色身。是名具足色身。須菩提。於意
云何。如来可以具足諸相見不。不也。世尊。
如来不應以具足諸相見。何以故。如来說
諸相具足。即非具足。是名諸相具足。須菩
提。汝勿謂如来作是念。我當有所說法。莫
作是念。何以故。若人言。如来有所說法。即
為謗佛。不能解我所說故。須菩提。說法者。

無法可說。是名說法。爾時慧命須菩提白
佛言。世尊。頗有眾生。於未來世。聞說是法。
生信心不。佛言。須菩提。彼非眾生。非不眾
生。何以故。須菩提。眾生眾生者。如來說非
眾生。是名眾生。須菩提白佛言。世尊。佛得
阿耨多羅三藐三菩提。為無所得耶。佛言
如是如是。須菩提。我於阿耨多羅三藐三
菩提。乃至無有少法可得。是名阿耨多羅
三藐三菩提。復次。須菩提。是法平等。無有

高下。是名阿耨多羅三藐三菩提。以無我
無人無衆生無壽者。修一切善法。則得阿
耨多羅三藐三菩提。須菩提。所言善法者。
如来說即非善法。是名善法。須菩提。若三
千大千世界中。所有諸須彌山王。如是等
七寶聚。有人持用布施。若人以此般若波
羅蜜經。乃至四句偈等。受持讀誦。為他人
說。於前福德。百分不及一。百千萬億分。乃
至算數譬喻所不能及。須菩提。於意云何。

汝等勿謂如来作是念。我當度衆生。須菩
提。莫作是念。何以故。實無有衆生如来度
者。若有衆生如来度者。如来則有我人衆
生壽者。須菩提。如来説有我者。則非有我。
而凡夫之人。以為有我。須菩提。凡夫者。如
来説則非凡夫。須菩提。於意云何。可以三
十二相觀如来。不。須菩提言。如是如是。以
三十二相觀如来。佛言。須菩提。若以三十
二相觀如来者。轉輪聖王。則是如来。須菩

提白佛言。世尊。如我解佛所說義。不應以
三十二相觀如来。爾時世尊而說偈言。
若以色見我。以音聲求我。
是人行邪道。不能見如来。
須菩提。汝若作是念。如来不以具足相故。
得阿耨多羅三藐三菩提。須菩提。莫作是
念。如来不以具足相故。得阿耨多羅三藐
三菩提。須菩提。汝若作是念。發阿耨多羅
三藐三菩提心者。說諸法斷滅。莫作是念。

何以故發阿耨多羅三藐三菩提心者於
法不說斷滅相須菩提若菩薩以滿恒河
沙等世界七寶持用布施若復有人知一
切法無我得成於忍此菩薩勝前菩薩所
得功德何以故須菩提以諸菩薩不受福
德故須菩提白佛言世尊云何菩薩不受
福德須菩提菩薩所作福德不應貪著是
故說不受福德須菩提若有人言如来若
来若去若坐若臥是人不解我所說義何

以故。如来者。無所從来。亦無所去。故名如
来。須菩提。若善男子善女人。以三千大千
世界碎為微塵。於意云何。是微塵衆。寧為
多不。須菩提言。甚多。世尊。何以故。若是微
塵衆實有者。佛則不説是微塵衆。所以者
何。佛説微塵衆。則非微塵衆。是名微塵衆。
世尊。如来所説三千大千世界。則非世界。
是名世界。何以故。若世界實有者。則是一
合相。如来説一合相。則非一合相。是名一

合相須菩提一合相者則是不可說但凡
夫之人貪著其事須菩提若人言佛說我
見人見眾生見壽者見須菩提於意云何
是人解我所說義不不也世尊是人不解
如来所說義何以故世尊說我見人見眾
生見壽者見即非我見人見眾生見壽者
見是名我見人見眾生見壽者見須菩提
發阿耨多羅三藐三菩提心者於一切法
應如是知如是見如是信解不生法相須

菩提。所言法相者。如来説即非法相。是名
法相。須菩提。若有人以滿無量阿僧祇世
界七寶。持用布施。若有善男子善女人。發
菩薩心者。持於此經。乃至四句偈等。受持
讀誦。為人演説。其福勝彼。云何為人演説。
不取於相。如如不動。何以故。
一切有為法。如夢幻泡影。
如露亦如電。應作如是觀。
佛説是經已。長老須菩提。及諸比丘比丘

尼。優婆塞優婆夷。一切世間。天人阿修羅。

聞佛所說。皆大歡喜。信受奉行。

金剛般若波羅蜜經

真言

那謨婆伽跋帝 鉢喇壤 波羅弭多曳

唵伊利底 伊室利 輸盧馱 毘舍耶

毘舍耶 莎婆訶

金剛般若波羅蜜經

姚秦天竺三藏鳩摩羅什譯

如是我聞。一時佛在舍衛國祇樹給孤獨
園。與大比丘衆。千二百五十人俱。爾時世
尊食時。著衣持鉢。入舍衛大城乞食。於其
城中。次第乞已。還至本處。飯食訖。收衣鉢。
洗足已。敷座而坐。時長老須菩提在大衆
中。即從座起。偏袒右肩。右膝著地。合掌恭
敬。而白佛言。希有世尊。如来善護念諸菩

薩。善付囑諸菩薩。世尊。善男子善女人。發
阿耨多羅三藐三菩提心。云何應住。云何
降伏其心。佛言。善哉善哉。須菩提。如汝所
說。如來善護念諸菩薩。善付囑諸菩薩。汝
今諦聽。當為汝說。善男子善女人。發阿耨
多羅三藐三菩提心。應如是住。如是降伏
其心。唯然。世尊。願樂欲聞。佛告須菩提。諸
菩薩摩訶薩。應如是降伏其心。所有一切
眾生之類。若卵生。若胎生。若濕生。若化生。

若有色。若無色。若有想。若無想。若非有想
非無想。我皆令入無餘涅槃而滅度之。如
是滅度無量無數無邊衆生。實無衆生得
滅度者。何以故。須菩提。若菩薩有我相。人
相。衆生相。壽者相。即非菩薩。復次。須菩提。
菩薩於法。應無所住。行於布施。所謂不住
色布施。不住聲香味觸法布施。須菩提。菩
薩應如是布施。不住於相。何以故。若菩薩
不住相布施。其福德不可思量。須菩提。於

意云何。東方虛空可思量不。不也。世尊。須
菩提。南西北方。四維上下虛空。可思量不。
不也。世尊。須菩提。菩薩無住相布施。福德
亦復如是不可思量。須菩提。菩薩但應如
所教住。須菩提。於意云何。可以身相見如
來不。不也。世尊。不可以身相得見如來。何
以故。如來所說身相。即非身相。佛告須菩
提。凡所有相。皆是虛妄。若見諸相非相。則
見如來。須菩提白佛言。世尊。頗有眾生得

聞如是言說章句。生實信不。佛告須菩提。
莫作是說。如来滅後。後五百歲。有持戒修
福者。於此章句。能生信心。以此為實。當知
是人。不於一佛二佛三四五佛而種善根。
已於無量千萬佛所。種諸善根。聞是章句。
乃至一念生淨信者。須菩提。如来悉知悉
見。是諸眾生。得如是無量福德。何以故。是
諸眾生。無復我相。人相。眾生相。壽者相。無
法相。亦無非法相。何以故。是諸眾生。若心

取相。則為著我人衆生壽者。若取法相。即
著我人衆生壽者。何以故。若取非法相。即
著我人衆生壽者。是故不應取法。不應取
非法。以是義故。如来常説。汝等比丘。知我
説法。如筏喻者。法尚應捨。何况非法。須菩
提。於意云何。如来得阿耨多羅三藐三菩
提耶。如来有所説法耶。須菩提言。如我解
佛所説義。無有定法。名阿耨多羅三藐三
菩提。亦無有定法。如来可説。何以故。如来

所說法皆不可取。不可說。非法非非法。所
以者何。一切賢聖。皆以無為法。而有差別。
須菩提。於意云何。若人滿三千大千世界
七寶。以用布施。是人所得福德。寧為多不。
須菩提言。甚多。世尊。何以故。是福德。即非
福德性。是故如來說福德多。若復有人於
此經中受持。乃至四句偈等。為他人說。其
福勝彼。何以故。須菩提。一切諸佛及諸佛
阿耨多羅三藐三菩提法。皆從此經出。須

菩提。所謂佛法者。即非佛法。須菩提。於意
云何。須陀洹能作是念。我得須陀洹果不。
須菩提言。不也。世尊。何以故。須陀洹名為
入流。而無所入。不入色聲香味觸法。是名
須陀洹。須菩提。於意云何。斯陀含能作是
念。我得斯陀含果不。須菩提言。不也。世尊。
何以故。斯陀含名一往來。而實無往來。是
名斯陀含。須菩提。於意云何。阿那含能作
是念。我得阿那含果不。須菩提言。不也。世

尊何以故阿那含名為不来而實無不来
是名阿那含須菩提於意云何阿羅漢能
作是念我得阿羅漢道不須菩提言不也
世尊何以故實無有法名阿羅漢世尊若
阿羅漢作是念我得阿羅漢道即為著我
人衆生壽者世尊佛説我得無諍三昧人
中最為第一是第一離欲阿羅漢我不作
是念我是離欲阿羅漢世尊我若作是念
我得阿羅漢道世尊則不説須菩提是樂

阿蘭那行者。以須菩提實無所行。而名須
菩提是樂阿蘭那行。佛告須菩提。於意云
何。如来昔在然燈佛所。於法有所得不。不
也。世尊。如来在然燈佛所。於法實無所得。
須菩提。於意云何。菩薩莊嚴佛土不。不也。
世尊。何以故。莊嚴佛土者。即非莊嚴。是名
莊嚴。是故須菩提。諸菩薩摩訶薩應如是
生清淨心。不應住色生心。不應住聲香味
觸法生心。應無所住而生其心。須菩提。譬

如有人身如須彌山王於意云何是身為
大不須菩提言甚大世尊何以故佛說非
身是名大身須菩提如恒河中所有沙數
如是沙等恒河於意云何是諸恒河沙寧
為多不須菩提言甚多世尊但諸恒河尚
多無數何況其沙須菩提我今實言告汝
若有善男子善女人以七寶滿汝所恒河
沙數三千大千世界以用布施得福多不
須菩提言甚多世尊佛告須菩提若善男

子善女人於此經中乃至受持四句偈等
為他人說而此福德勝前福德復次須菩
提隨說是經乃至四句偈等當知此處一
切世間天人阿修羅皆應供養如佛塔廟
何況有人盡能受持讀誦須菩提當知是
人成就最上第一希有之法若是經典所
在之處即為有佛若尊重弟子爾時須菩
提白佛言世尊當何名此經我等云何奉
持佛告須菩提是經名為金剛般若波羅

蜜。以是名字。汝當奉持。所以者何。須菩提。
佛説般若波羅蜜。即非般若波羅蜜。須菩
提。於意云何。如来有所説法不。須菩提白
佛言。世尊。如来無所説。須菩提。於意云何。
三千大千世界。所有微塵。是為多不。須菩
提言。甚多。世尊。須菩提。諸微塵。如来説非
微塵。是名微塵。如来説世界。非世界。是名
世界。須菩提。於意云何。可以三十二相見
如来不。不也。世尊。不可以三十二相得見

如来。何以故。如来說三十二相。即是非相。是名三十二相。須菩提。若有善男子善女人。以恒河沙等身命布施。若復有人。於此經中。乃至受持四句偈等。為他人說。其福甚多。爾時須菩提。聞說是經。深解義趣。涕淚悲泣。而白佛言。希有世尊。佛說如是甚深經典。我從昔来所得慧眼。未曾得聞如是之經。世尊。若復有人。得聞是經。信心清淨。則生實相。當知是人。成就第一希有功

德。世尊。是實相者。則是非相。是故如來說
名實相。世尊。我今得聞如是經典。信解受
持。不足為難。若當來世。後五百歲。其有眾
生。得聞是經。信解受持。是人則為第一希
有。何以故。此人無我相。人相。眾生相。壽者
相。所以者何。我相即是非相。人相眾生相
壽者相。即是非相。何以故。離一切諸相。則
名諸佛。佛告須菩提。如是如是。若復有人。
得聞是經。不驚不怖不畏。當知是人。甚為

希有。何以故。須菩提。如来說第一波羅蜜。
即非第一波羅蜜。是名第一波羅蜜。須菩
提。忍辱波羅蜜。如来說非忍辱波羅蜜。何
以故。須菩提。如我昔為歌利王割截身體。
我於爾時。無我相。無人相。無眾生相。無壽
者相。何以故。我於往昔節節支解時。若有
我相。人相。眾生相。壽者相。應生瞋恨。須菩
提。又念過去於五百世。作忍辱仙人。於爾
所世。無我相。無人相。無眾生相。無壽者相。

是故須菩提菩薩應離一切相發阿耨多
羅三藐三菩提心不應住色生心不應住
聲香味觸法生心應生無所住心若心有
住則為非住是故佛說菩薩心不應住色
布施須菩提菩薩為利益一切衆生應如
是布施如来說一切諸相即是非相又說
一切衆生即非衆生須菩提如来是真語
者實語者如語者不誑語者不異語者須
菩提如来所得法此法無實無虛須菩提

若菩薩心住於法而行布施。如人入闇。則
無所見。若菩薩心不住法而行布施。如人
有目。日光明照。見種種色。須菩提。當来之
世。若有善男子善女人。能於此經受持讀
誦。則為如来以佛智慧。悉知是人。悉見是
人。皆得成就無量無邊功德。須菩提。若有
善男子善女人。初日分以恒河沙等身布
施。中日分復以恒河沙等身布施。後日分
亦以恒河沙等身布施。如是無量百千萬

億劫。以身布施。若復有人。聞此經典。信心
不逆。其福勝彼。何況書寫受持讀誦。為人
解說。須菩提。以要言之。是經有不可思議。
不可稱量。無邊功德。如來為發大乘者說。
為發最上乘者說。若有人能受持讀誦。廣
為人說。如來悉知是人。悉見是人。皆得成
就不可量。不可稱。無有邊。不可思議功德。
如是人等。則為荷擔如來阿耨多羅三藐
三菩提。何以故。須菩提。若樂小法者。著我

見人見眾生見壽者見。則於此經。不能聽
受讀誦。為人解說。須菩提。在在處處。若有
此經。一切世間天人阿修羅。所應供養。當
知此處。則為是塔。皆應恭敬。作禮圍繞。以
諸華香而散其處。復次。須菩提。善男子善
女人。受持讀誦此經。若為人輕賤。是人先
世罪業。應墮惡道。以今世人輕賤故。先世
罪業。則為消滅。當得阿耨多羅三藐三菩
提。須菩提。我念過去無量阿僧祇劫。於然

燈佛前。得值八百四千萬億那由他諸佛。
悉皆供養。承事無空過者。若復有人。於後
末世。能受持讀誦此經。所得功德。於我所
供養諸佛功德。百分不及一。千萬億分。乃
至算數譬喻所不能及。須菩提。若善男子
善女人。於後末世。有受持讀誦此經。所得
功德。我若具說者。或有人聞。心則狂亂。狐
疑不信。須菩提。當知是經義不可思議。果
報亦不可思議。爾時須菩提白佛言。世尊。

善男子善女人。發阿耨多羅三藐三菩提
心。云何應住。云何降伏其心。佛告須菩提。
善男子善女人。發阿耨多羅三藐三菩提
心者。當生如是心。我應滅度一切衆生。
度一切衆生已。而無有一衆生實滅度者。
何以故。須菩提。若菩薩有我相人相衆生
相壽者相。則非菩薩。所以者何。須菩提。實
無有法。發阿耨多羅三藐三菩提心者。須
菩提。於意云何。如来於然燈佛所。有法得

阿耨多羅三藐三菩提不不也世尊如我
解佛所說義佛於然燈佛所無有法得阿
耨多羅三藐三菩提佛言如是如是須菩
提實無有法如来得阿耨多羅三藐三菩
提須菩提若有法如来得阿耨多羅三藐
三菩提者然燈佛則不與我授記汝於来
世當得作佛號釋迦牟尼以實無有法得
阿耨多羅三藐三菩提是故然燈佛與我
授記作是言汝於来世當得作佛號釋迦

牟尼。何以故。如来者。即諸法如義。若有人
言。如来得阿耨多羅三藐三菩提。須菩提。
實無有法。佛得阿耨多羅三藐三菩提。須
菩提。如来所得阿耨多羅三藐三菩提。於
是中無實無虛。是故如来說一切法。皆是
佛法。須菩提。所言一切法者。即非一切法。
是故名一切法。須菩提。譬如人身長大。須
菩提言。世尊。如来說人身長大。則為非大
身。是名大身。須菩提。菩薩亦如是。若作是

言我當滅度無量衆生則不名菩薩何以故須菩提實無有法名為菩薩是故佛說一切法無我無人無衆生無壽者須菩提若菩薩作是言我當莊嚴佛土是不名菩薩何以故如来說莊嚴佛土者即非莊嚴是名莊嚴須菩提若菩薩通達無我法者如来說名真是菩薩須菩提於意云何如来有肉眼不如是世尊如来有肉眼須菩提於意云何如来有天眼不如是世尊如

来有天眼。須菩提。於意云何。如来有慧眼
不。如是。世尊。如来有慧眼。須菩提。於意云
何。如来有法眼不。如是。世尊。如来有法眼。
須菩提。於意云何。如来有佛眼不。如是。世
尊。如来有佛眼。須菩提。於意云何。如恒河
中所有沙。佛説是沙不。如是。世尊。如来説
是沙。須菩提。於意云何。如一恒河中所有
沙。有如是沙等恒河。是諸恒河所有沙數
佛世界。如是寍為多不。甚多。世尊。佛告須

菩提爾所國土中所有眾生若干種心如
来悉知何以故如来說諸心皆為非心是
名為心所以者何須菩提過去心不可得
現在心不可得未来心不可得須菩提於
意云何若有人滿三千大千世界七寶以
用布施是人以是因緣得福多不如是世
尊此人以是因緣得福甚多須菩提若福
德有實如来不說得福德多以福德無故
如来說得福德多須菩提於意云何佛可

以具足色身見不不也世尊如来不應以
具足色身見何以故如来說具足色身即
非具足色身是名具足色身須菩提於意
云何如来可以具足諸相見不不也世尊
如来不應以具足諸相見何以故如来說
諸相具足即非具足是名諸相具足須菩
提汝勿謂如来作是念我當有所說法莫
作是念何以故若人言如来有所說法即
為謗佛不能解我所說故須菩提說法者

無法可説。是名説法。爾時慧命須菩提白佛言世尊。頗有眾生。扵未来世。聞説是法。生信心不。佛言。須菩提。彼非眾生。非不眾生。何以故。須菩提。眾生眾生者。如来説非眾生。是名眾生。須菩提白佛言。世尊。佛得阿耨多羅三藐三菩提。為無所得耶。佛言。如是如是。須菩提。我扵阿耨多羅三藐三菩提。乃至無有少法可得。是名阿耨多羅三藐三菩提。復次。須菩提。是法平等。無有高下。是名阿耨多羅三藐三菩提。以無我無人無眾生無壽者。修一切善法。則得阿耨多羅三藐三菩提。須菩提。所言善法者。如來說即非善法。是名善法。須菩提。若三千大千世界中。所有諸須彌山王。如是等七寶聚。有人持用布施。若人以此般若波羅蜜經。乃至四句偈等。受持讀誦。為他人說。於前福德。百分不及一。百千萬億分。乃至算數譬喻所不能及。須菩提。於意云何。

汝等勿謂如来作是念。我當度衆生。須菩提。莫作是念。何以故。實無有衆生如来度者。若有衆生如来度者。如来則有我人衆生壽者。須菩提。如来說有我者。則非有我。而凡夫之人。以為有我。須菩提。凡夫者。如来說則非凡夫。須菩提。於意云何。可以三十二相觀如来不。須菩提言。如是如是。以三十二相觀如来。佛言。須菩提。若以三十二相觀如来者。轉輪聖王則是如来。須菩

提白佛言。世尊。如我解佛所說義。不應以
三十二相觀如来。爾時世尊而說偈言。
若以色見我。以音聲求我。
是人行邪道。不能見如来。
須菩提。汝若作是念。如来不以具足相故
得阿耨多羅三藐三菩提。須菩提。莫作是
念。如来不以具足相故。得阿耨多羅三藐
三菩提。須菩提。汝若作是念。發阿耨多羅
三藐三菩提心者。說諸法斷滅。莫作是念。

何以故發阿耨多羅三藐三菩提心者於法不說斷滅相須菩提若菩薩以滿恒河沙等世界七寶持用布施若復有人知一切法無我得成於忍此菩薩勝前菩薩所得功德何以故須菩提以諸菩薩不受福德故須菩提白佛言世尊云何菩薩不受福德須菩提菩薩所作福德不應貪著是故說不受福德須菩提若有人言如来若来若去若坐若臥是人不解我所說義何

以故。如来者。無所從来。亦無所去。故名如
来。須菩提。若善男子善女人。以三千大千
世界碎為微塵。於意云何。是微塵衆。寧為
多不。須菩提言。甚多。世尊。何以故。若是微
塵衆實有者。佛則不說是微塵衆。所以者
何。佛說微塵衆。則非微塵衆。是名微塵衆。
世尊。如来所說三千大千世界。則非世界。
是名世界。何以故。若世界實有者。則是一
合相。如来說一合相。則非一合相。是名一

合相。須菩提。一合相者。則是不可說。但凡
夫之人。貪著其事。須菩提。若人言。佛說我
見人見眾生見壽者見。須菩提。於意云何。
是人解我所說義不。不也。世尊。是人不解
如來所說義。何以故。世尊說我見人見眾
生見壽者見。即非我見人見眾生見壽者
見。是名我見人見眾生見壽者見。須菩提。
發阿耨多羅三藐三菩提心者。於一切法。
應如是知。如是見。如是信解。不生法相。須

菩提。所言法相者。如来說即非法相。是名法相。須菩提。若有人以滿無量阿僧祇世界七寶。持用布施。若有善男子善女人。發菩薩心者。持於此經。乃至四句偈等。受持讀誦。為人演說。其福勝彼。云何為人演說。不取於相。如如不動。何以故。

一切有為法。如夢幻泡影。
如露亦如電。應作如是觀。

佛說是經已。長老須菩提。及諸比丘比丘

尼。優婆塞優婆夷。一切世間。天人阿修羅。
聞佛所說。皆大歡喜。信受奉行。

金剛般若波羅蜜經

真言

那謨婆伽跋帝 鉢喇壤 波羅弭多曳
唵伊利底 伊室利 輸盧馱 毘舍耶
毘舍耶 莎婆訶

金剛般若波羅蜜經

姚秦天竺三藏鳩摩羅什譯

如是我聞。一時佛在舍衛國祇樹給孤獨

園。與大比丘眾。千二百五十人俱。爾時世

尊食時。著衣持鉢。入舍衛大城乞食。於其

城中。次第乞已。還至本處。飯食訖。收衣鉢。

洗足已。敷座而坐。時長老須菩提。在大眾

中。即從座起。偏袒右肩。右膝著地。合掌恭

敬。而白佛言。希有世尊。如來善護念諸菩

薩。善付囑諸菩薩。世尊。善男子善女人。發
阿耨多羅三藐三菩提心。云何應住。云何
降伏其心。佛言。善哉善哉。須菩提。如汝所
說。如來善護念諸菩薩。善付囑諸菩薩。汝
今諦聽。當為汝說。善男子善女人。發阿耨
多羅三藐三菩提心。應如是住。如是降伏
其心。唯然。世尊。願樂欲聞。佛告須菩提。諸
菩薩摩訶薩。應如是降伏其心。所有一切
眾生之類。若卵生。若胎生。若濕生。若化生。

若有色。若無色。若有想。若無想。若非有想非無想。我皆令入無餘涅槃而滅度之。如是滅度無量無數無邊眾生。實無眾生得滅度者。何以故。須菩提。若菩薩有我相。人相。眾生相。壽者相。即非菩薩。復次。須菩提。菩薩於法。應無所住。行於布施。所謂不住色布施。不住聲香味觸法布施。須菩提。菩薩應如是布施。不住於相。何以故。若菩薩不住相布施。其福德不可思量。須菩提。於

意云何東方虛空可思量不不也世尊須
菩提南西北方四維上下虛空可思量不
不也世尊須菩提菩薩無住相布施福德
亦復如是不可思量須菩提菩薩但應如
所教住須菩提於意云何可以身相見如
來不不也世尊不可以身相得見如來何
以故如來所說身相即非身相佛告須菩
提凡所有相皆是虛妄若見諸相非相則
見如來須菩提白佛言世尊頗有眾生得

聞如是言說章句。生實信不。佛告須菩提。莫作是說。如來滅後。後五百歲。有持戒修福者。於此章句。能生信心。以此為實。當知是人。不於一佛二佛三四五佛而種善根。已於無量千萬佛所。種諸善根。聞是章句。乃至一念生淨信者。須菩提。如來悉知悉見。是諸眾生。得如是無量福德。何以故。是諸眾生。無復我相。人相。眾生相。壽者相。無法相。亦無非法相。何以故。是諸眾生。若心

取相。則為著我人衆生壽者。若取法相。即
著我人衆生壽者。何以故。若取非法相。即
著我人衆生壽者。是故不應取法。不應取
非法。以是義故。如来常説。汝等比丘。知我
説法。如筏喻者。法尚應捨。何況非法。須菩
提。於意云何。如来得阿耨多羅三藐三菩
提耶。如来有所説法耶。須菩提言。如我解
佛所説義。無有定法。名阿耨多羅三藐三
菩提。亦無有定法如来可説。何以故。如来

所説法皆不可取。不可説。非法非非法。所
以者何。一切賢聖。皆以無為法。而有差別。
須菩提。於意云何。若人滿三千大千世界
七寶。以用布施。是人所得福德寧為多不。
須菩提言。甚多。世尊。何以故。是福德。即非
福德性。是故如来説福德多。若復有人。於
此經中。受持乃至四句偈等。為他人説。其
福勝彼。何以故。須菩提。一切諸佛及諸佛
阿耨多羅三藐三菩提法。皆從此經出。須

菩提。所謂佛法者。即非佛法。須菩提。於意
云何。須陀洹能作是念。我得須陀洹果不。
須菩提言。不也。世尊。何以故。須陀洹名為
入流。而無所入。不入色聲香味觸法。是名
須陀洹。須菩提。於意云何。斯陀含能作是
念。我得斯陀含果不。須菩提言。不也。世尊。
何以故。斯陀含名一往来。而實無往来。是
名斯陀含。須菩提。於意云何。阿那含能作
是念。我得阿那含果不。須菩提言。不也。世

尊。何以故。阿那含名為不来。而實無不来。是名阿那含。須菩提。於意云何。阿羅漢能作是念。我得阿羅漢道不。須菩提言。不也。世尊。何以故。實無有法。名阿羅漢。世尊。若阿羅漢作是念。我得阿羅漢道。即為著我人眾生壽者。世尊。佛說我得無諍三昧。人中最為第一。是第一離欲阿羅漢。我不作是念。我是離欲阿羅漢。世尊。我若作是念。我得阿羅漢道。世尊則不說須菩提是樂

阿蘭那行者。以須菩提實無所行。而名須
菩提是樂阿蘭那行。佛告須菩提。於意云
何。如来昔在然燈佛所。於法有所得不。不。
也。世尊。如来在然燈佛所。於法實無所得。
須菩提。於意云何。菩薩莊嚴佛土不。不也。
世尊。何以故。莊嚴佛土者。即非莊嚴。是名
莊嚴。是故須菩提。諸菩薩摩訶薩。應如是
生清淨心。不應住色生心。不應住聲香味
觸法生心。應無所住而生其心。須菩提。譬

如有人。身如須彌山王。於意云何。是身為
大不。須菩提言。甚大。世尊。何以故。佛說非
身。是名大身。須菩提。如恒河中所有沙數。
如是沙等恒河。於意云何。是諸恒河沙。寧
為多不。須菩提言。甚多。世尊。但諸恒河尚
多無數。何況其沙。須菩提。我今實言告汝
若有善男子善女人。以七寶滿汝所恒河
沙數三千大千世界。以用布施。得福多不。
須菩提言。甚多。世尊。佛告須菩提。若善男

子善女人於此經中乃至受持四句偈等為他人說而此福德勝前福德復次須菩提隨說是經乃至四句偈等當知此處一切世間天人阿修羅皆應供養如佛塔廟何況有人盡能受持讀誦須菩提當知是人成就最上第一希有之法若是經典所在之處即為有佛若尊重弟子爾時須菩提白佛言世尊當何名此經我等云何奉持佛告須菩提是經名為金剛般若波羅

蜜以是名字汝當奉持所以者何須菩提
佛説般若波羅蜜即非般若波羅蜜須菩
提於意云何如来有所説法不須菩提白
佛言世尊如来無所説須菩提於意云何
三千大千世界所有微塵是為多不須菩
提言甚多世尊須菩提諸微塵如来説非
微塵是名微塵如来説世界非世界是名
世界須菩提於意云何可以三十二相見
如来不不也世尊不可以三十二相得見

如来何以故如来說三十二相即是非相
是名三十二相須菩提若有善男子善女
人以恒河沙等身命布施若復有人於此
經中乃至受持四句偈等為他人說其福
甚多爾時須菩提聞說是經深解義趣涕
淚悲泣而白佛言希有世尊佛說如是甚
深經典我從昔来所得慧眼未曾得聞如
是之經世尊若復有人得聞是經信心清
淨則生實相當知是人成就第一希有功

德。世尊。是實相者。則是非相。是故如來說名實相。世尊。我今得聞如是經典。信解受持。不足為難。若當來世。後五百歲。其有眾生。得聞是經。信解受持。是人則為第一希有。何以故。此人無我相。人相。眾生相。壽者相。所以者何。我相即是非相。人相眾生相壽者相。即是非相。何以故。離一切諸相。則名諸佛。佛告須菩提。如是如是。若復有人。得聞是經。不驚不怖不畏。當知是人。甚為希有。何以故。須菩提。如来說第一波羅蜜。即非第一波羅蜜。是名第一波羅蜜。須菩提。忍辱波羅蜜。如来說非忍辱波羅蜜。何以故。須菩提。如我昔為歌利王割截身體。我於爾時無我相。無人相。無眾生相。無壽者相。何以故。我於往昔節節支解時。若有我相。人相。眾生相。壽者相。應生瞋恨。須菩提。又念過去於五百世。作忍辱仙人。於爾所世。無我相。無人相。無眾生相。無壽者相。

是故須菩提菩薩應離一切相發阿耨多
羅三藐三菩提心不應住色生心不應住
聲香味觸法生心應生無所住心若心有
住則為非住是故佛說菩薩心不應住色
布施須菩提菩薩為利益一切衆生應如
是布施如来說一切諸相即是非相又說
一切衆生即非衆生須菩提如来是真語
者實語者如語者不誑語者不異語者須
菩提如来所得法此法無實無虛須菩提

若菩薩心住於法而行布施。如人入闇。則
無所見。若菩薩心不住法而行布施。如人
有目。日光明照。見種種色。須菩提。當来之
世。若有善男子善女人。能於此經受持讀
誦。則為如来。以佛智慧。悉知是人。悉見是
人。皆得成就無量無邊功德。須菩提。若有
善男子善女人。初日分以恒河沙等身布
施。中日分復以恒河沙等身布施。後日分
亦以恒河沙等身布施。如是無量百千萬

億劫以身布施。若復有人聞此經典。信心不逆。其福勝彼。何況書寫受持讀誦。為人解說。須菩提。以要言之。是經有不可思議。不可稱量。無邊功德。如来為發大乘者說。為發最上乘者說。若有人能受持讀誦。廣為人說。如来悉知是人。悉見是人。皆得成就不可量。不可稱。無有邊。不可思議功德。如是人等。則為荷擔如来阿耨多羅三藐三菩提。何以故。須菩提。若樂小法者。著我

見人見眾生見壽者見。則於此經不能聽
受讀誦。為人解說。須菩提。在在處處。若有
此經。一切世間天人阿修羅。所應供養。當
知此處。則為是塔。皆應恭敬。作禮圍繞。以
諸華香而散其處。復次須菩提。善男子善
女人。受持讀誦此經。若為人輕賤。是人先
世罪業。應墮惡道。以今世人輕賤。故先世
罪業。則為消滅。當得阿耨多羅三藐三菩
提。須菩提。我念過去無量阿僧祇劫。於然

燈佛前。得值八百四千萬億那由他諸佛。
悉皆供養。承事無空過者。若復有人。於後
末世。能受持讀誦此經。所得功德。於我所
供養諸佛功德。百分不及一。千萬億分。乃
至算數譬喻所不能及。須菩提。若善男子
善女人。於後末世。有受持讀誦此經。所得
功德。我若具說者。或有人聞。心則狂亂。狐
疑不信。須菩提。當知是經義不可思議。果
報亦不可思議。爾時須菩提白佛言。世尊。

善男子善女人。發阿耨多羅三藐三菩提
心。云何應住。云何降伏其心。佛告須菩提。
善男子善女人。發阿耨多羅三藐三菩提
心者。當生如是心。我應滅度一切眾生。滅
度一切眾生已。而無有一眾生實滅度者。
何以故。須菩提。若菩薩有我相人相眾生
相壽者相。則非菩薩。所以者何。須菩提。實
無有法。發阿耨多羅三藐三菩提心者。須
菩提。於意云何。如來於然燈佛所。有法得

阿耨多羅三藐三菩提不不也世尊如我
解佛所說義佛於然燈佛所無有法得阿
耨多羅三藐三菩提佛言如是如是須菩
提實無有法如来得阿耨多羅三藐三菩
提須菩提若有法如来得阿耨多羅三藐
三菩提者然燈佛則不與我授記汝於来
世當得作佛號釋迦牟尼以實無有法得
阿耨多羅三藐三菩提是故然燈佛與我
授記作是言汝於来世當得作佛號釋迦

牟尼何以故如来者即諸法如義若有人
言如来得阿耨多羅三藐三菩提須菩提
實無有法佛得阿耨多羅三藐三菩提須
菩提如来所得阿耨多羅三藐三菩提於
是中無實無虛是故如来說一切法皆是
佛法須菩提所言一切法者即非一切法
是故名一切法須菩提譬如人身長大須
菩提言世尊如来說人身長大則為非大
身是名大身須菩提菩薩亦如是若作是

言我當滅度無量眾生則不名菩薩何以
故須菩提實無有法名為菩薩是故佛說
一切法無我無人無眾生無壽者須菩提
若菩薩作是言我當莊嚴佛土是不名菩
薩何以故如来說莊嚴佛土者即非莊嚴
是名莊嚴須菩提若菩薩通達無我法者
如来說名真是菩薩須菩提於意云何如
来有肉眼不如是世尊如来有肉眼須菩
提於意云何如来有天眼不如是世尊如

来有天眼須菩提於意云何如来有慧眼
不如是世尊如来有慧眼須菩提於意云
何如来有法眼不如是世尊如来有法眼
須菩提於意云何如来有佛眼不如是世
尊如来有佛眼須菩提於意云何如恒河
中所有沙佛說是沙不如是世尊如来說
是沙須菩提於意云何如一恒河中所有
沙有如是沙等恒河是諸恒河所有沙數
佛世界如是寧為多不甚多世尊佛告須

菩提。爾所國土中。所有眾生。若干種心。如
来悉知。何以故。如来說諸心。皆為非心。是
名為心。所以者何。須菩提。過去心不可得。
現在心不可得。未来心不可得。須菩提。於
意云何。若有人滿三千大千世界七寶。以
用布施。是人以是因緣。得福多不。如是。世
尊。此人以是因緣。得福甚多。須菩提。若福
德有實。如来不說得福德多。以福德無故。
如来說得福德多。須菩提。於意云何。佛可

以具足色身見不。不也。世尊。如来不應以
具足色身見。何以故。如来說具足色身即
非具足色身。是名具足色身。須菩提。於意
云何。如来可以具足諸相見不。不也。世尊。
如来不應。以具足諸相見。何以故。如来說
諸相具足。即非具足。是名諸相具足。須菩
提。汝勿謂如来作是念。我當有所說法。莫
作是念。何以故。若人言。如来有所說法。即
為謗佛。不能解我所說故。須菩提。說法者。

無法可說。是名說法。爾時慧命須菩提白
佛言。世尊。頗有眾生。於未來世。聞說是法。
生。信心不。佛言。須菩提。彼非眾生。非不眾
生。何以故。須菩提。眾生眾生者。如来說非
眾生。是名眾生。須菩提白佛言。世尊。佛得
阿耨多羅三藐三菩提。為無所得耶。佛言。
如是如是。須菩提。我於阿耨多羅三藐三
菩提。乃至無有少法可得。是名阿耨多羅
三藐三菩提。復次。須菩提。是法平等。無有

高下。是名阿耨多羅三藐三菩提。以無我無人無衆生無壽者。修一切善法。則得阿耨多羅三藐三菩提。須菩提。所言善法者。如来說即非善法。是名善法。須菩提。若三千大千世界中。所有諸須彌山王。如是等七寶聚。有人持用布施。若人以此般若波羅蜜經。乃至四句偈等。受持讀誦。為他人說。於前福德。百分不及一。百千萬億分。乃至算數譬喻所不能及。須菩提。於意云何。

汝等勿謂如来作是念。我當度衆生。須菩提。莫作是念。何以故。實無有衆生如来度者。若有衆生如来度者。如来則有我人衆生壽者。須菩提。如来說有我者。則非有我。而凡夫之人。以為有我。須菩提。凡夫者。如来說則非凡夫。須菩提。於意云何。可以三十二相觀如来不。須菩提言。如是如是。以三十二相觀如来。佛言。須菩提。若以三十二相觀如来者。轉輪聖王。則是如来。須菩

提白佛言。世尊。如我解佛所説義。不應以
三十二相觀如来。爾時世尊而説偈言。
若以色見我。以音聲求我。
是人行邪道。不能見如来。
須菩提。汝若作是念。如来不以具足相故。
得阿耨多羅三藐三菩提。須菩提。莫作是
念。如来不以具足相故得阿耨多羅三藐
三菩提。須菩提。汝若作是念。發阿耨多羅
三藐三菩提心者。説諸法斷滅。莫作是念。

何以故。發阿耨多羅三藐三菩提心者。於法不説斷滅相。須菩提。若菩薩以滿恒河沙等世界七寶。持用布施。若復有人。知一切法無我。得成於忍。此菩薩勝前菩薩所得功德。何以故。須菩提。以諸菩薩不受福德故。須菩提白佛言。世尊。云何菩薩不受福德。須菩提。菩薩所作福德。不應貪著。是故説不受福德。須菩提。若有人言。如来若来若去。若坐若臥。是人不解我所説義。何

以故如来者無所從来亦無所去故名如
来須菩提若善男子善女人以三千大千
世界碎為微塵於意云何是微塵衆寧為
多不須菩提言甚多世尊何以故若是微
塵衆實有者佛則不説是微塵衆所以者
何佛説微塵衆則非微塵衆是名微塵衆
世尊如来所説三千大千世界則非世界
是名世界何以故若世界實有者則是一
合相如来説一合相則非一合相是名一

合相。須菩提。一合相者。則是不可說。但凡夫之人。貪著其事。須菩提。若人言。佛說我見人見眾生見壽者見。須菩提。於意云何。是人解我所說義不。不也世尊。是人不解如來所說義。何以故。世尊說我見人見眾生見。即非我見人見眾生見壽者見。是名我見人見眾生見壽者見。須菩提。發阿耨多羅三藐三菩提心者。於一切法。應如是知。如是見。如是信解。不生法相。須

菩提。所言法相者。如来說即非法相。是名
法相。須菩提。若有人以滿無量阿僧祇世
界七寶。持用布施。若有善男子善女人。發
菩薩心者。持於此經。乃至四句偈等。受持
讀誦。為人演說。其福勝彼。云何為人演說。
不取於相。如如不動。何以故。
一切有為法。如夢幻泡影。
如露亦如電。應作如是觀。
佛說是經已。長老須菩提。及諸比丘比丘

尼。優婆塞優婆夷。一切世間。天人阿修羅。

聞佛所說。皆大歡喜。信受奉行。

金剛般若波羅蜜經

真言

那謨婆伽跋帝　鉢喇壤　波羅弭多曳

唵　伊利底　伊室利　輸盧馱　毘舍耶

毘舍耶　莎婆訶

金剛般若波羅蜜經

姚秦天竺三藏鳩摩羅什譯

如是我聞一時佛在舍衛國祇樹給孤獨
園與大比丘眾千二百五十人俱爾時世
尊食時著衣持鉢入舍衛大城乞食於其
城中次第乞已還至本處飯食訖收衣鉢
洗足已敷座而坐時長老須菩提在大眾
中即從座起偏袒右肩右膝著地合掌恭
敬而白佛言希有世尊如来善護念諸菩

薩。善付囑諸菩薩。世尊。善男子善女人。發阿耨多羅三藐三菩提心。云何應住。云何降伏其心。佛言。善哉善哉。須菩提。如汝所說。如来善護念諸菩薩。善付囑諸菩薩。汝今諦聽。當為汝說。善男子善女人。發阿耨多羅三藐三菩提心。應如是住。如是降伏其心。唯然。世尊。願樂欲聞。佛告須菩提。諸菩薩摩訶薩。應如是降伏其心。所有一切眾生之類。若卵生。若胎生。若濕生。若化生。

若有色。若無色。若有想。若無想。若非有想。非無想。我皆令入無餘涅槃而滅度之。如是滅度無量無數無邊眾生。實無眾生得滅度者。何以故。須菩提。若菩薩有我相人相。眾生相。壽者相。即非菩薩。復次須菩提。菩薩於法。應無所住。行於布施。所謂不住色布施。不住聲香味觸法布施。須菩提。菩薩應如是布施。不住於相。何以故。若菩薩不住相布施。其福德不可思量。須菩提。於

意云何東方虛空可思量不不也世尊須
菩提南西北方四維上下虛空可思量不
不也世尊須菩提菩薩無住相布施福德
亦復如是不可思量須菩提菩薩但應如
所教住須菩提於意云何可以身相見如
来不不也世尊不可以身相得見如来何
以故如来所說身相即非身相佛告須菩
提凡所有相皆是虛妄若見諸相非相則
見如来須菩提白佛言世尊頗有衆生得

聞如是言說章句生實信不佛告須菩提
莫作是說如来滅後後五百歲有持戒修
福者於此章句能生信心以此為實當知
是人不於一佛二佛三四五佛而種善根
已於無量千萬佛所種諸善根聞是章句
乃至一念生淨信者須菩提如来悉知悉
見是諸眾生得如是無量福德何以故是
諸眾生無復我相人相眾生相壽者相無
法相亦無非法相何以故是諸眾生若心

取相。則為著我人衆生壽者。若取法相。即
著我人衆生壽者。何以故。若取非法相。即
著我人衆生壽者。是故不應取法。不應取
非法。以是義故。如来常説。汝等比丘。知我
説法。如筏喻者。法尚應捨。何況非法。須菩
提。於意云何。如来得阿耨多羅三藐三菩
提耶。如来有所説法耶。須菩提言。如我解
佛所説義。無有定法名。阿耨多羅三藐三
菩提。亦無有定法。如来可説。何以故。如来

所說法皆不可取。不可說。非法非非法。所
以者何。一切賢聖。皆以無為法。而有差別。
須菩提。於意云何。若人滿三千大千世界
七寶。以用布施。是人所得福德。寧為多不。
須菩提言。甚多。世尊。何以故。是福德。即非
福德性。是故如來說福德多。若復有人。於
此經中。受持乃至四句偈等。為他人說。其
福勝彼。何以故。須菩提。一切諸佛及諸佛
阿耨多羅三藐三菩提法。皆從此經出。須

菩提。所謂佛法者。即非佛法。須菩提。於意
云何。須陀洹能作是念。我得須陀洹果不。
須菩提言。不也。世尊。何以故。須陀洹名為
入流。而無所入。不入色聲香味觸法。是名
須陀洹。須菩提。於意云何。斯陀含能作是
念。我得斯陀含果不。須菩提言。不也。世尊。
何以故。斯陀含名一往來。而實無往來。是
名斯陀含。須菩提。於意云何。阿那含能作
是念。我得阿那含果不。須菩提言。不也。世

尊。何以故。阿那含名為不来。而實無不来。
是名阿那含。須菩提。於意云何。阿羅漢能
作是念。我得阿羅漢道不。須菩提言。不也。
世尊。何以故。實無有法。名阿羅漢。世尊。若
阿羅漢作是念。我得阿羅漢道。即為著我
人眾生壽者。世尊。佛說我得無諍三昧。人
中最為第一是第一離欲阿羅漢。我不作
是念。我是離欲阿羅漢。世尊。我若作是念。
我得阿羅漢道。世尊則不說須菩提是樂

阿蘭那行者。以須菩提實無所行。而名須菩提是樂阿蘭那行。佛告須菩提。於意云何。如来昔在然燈佛所。於法有所得不。不也。世尊。如来在然燈佛所。於法實無所得。須菩提。於意云何。菩薩莊嚴佛土不。不也。世尊。何以故。莊嚴佛土者。即非莊嚴。是名莊嚴。是故須菩提。諸菩薩摩訶薩。應如是生清淨心。不應住色生心。不應住聲香味觸法生心。應無所住而生其心。須菩提。譬如有人。身如須彌山王。於意云何。是身為大不。須菩提言。甚大。世尊何以故。佛說非身。是名大身。須菩提。如恒河中所有沙數。如是沙等恒河。於意云何。是諸恒河沙。寧為多不。須菩提言。甚多。世尊。但諸恒河尚多無數。何況其沙。須菩提。我今實言告汝若有善男子善女人。以七寶滿汝所恒河沙數三千大千世界。以用布施。得福多不。須菩提言。甚多。世尊。佛告須菩提。若善男

子善女人於此经中乃至受持四句偈等
為他人說而此福德勝前福德復次須菩
提隨說是经乃至四句偈等當知此處一
切世間天人阿修羅皆應供養如佛塔廟
何況有人盡能受持讀誦須菩提當知是
人成就最上第一希有之法若是經典所
在之處即為有佛若尊重弟子爾時須菩
提白佛言世尊當何名此經我等云何奉
持佛告須菩提是經名為金剛般若波羅

蜜以是名字汝當奉持所以者何須菩提佛説般若波羅蜜即非般若波羅蜜須菩提於意云何如来有所説法不須菩提白佛言世尊如来無所説須菩提於意云何三千大千世界所有微塵是為多不須菩提言甚多世尊須菩提諸微塵如来説非微塵是名微塵如来説世界非世界是名世界須菩提於意云何可以三十二相見如来不不也世尊不可以三十二相得見

如来。何以故。如来說三十二相。即是非相。
是名三十二相。須菩提。若有善男子善女
人。以恆河沙等身命布施。若復有人。於此
經中。乃至受持四句偈等。為他人說。其福
甚多。爾時須菩提。聞說是經。深解義趣。涕
淚悲泣。而白佛言。希有世尊。佛說如是甚
深經典。我從昔来所得慧眼。未曾得聞如
是之經。世尊。若復有人。得聞是經。信心清
淨。則生實相。當知是人。成就第一希有功

德世尊是實相者則是非相是故如來說
名實相世尊我今得聞如是經典信解受
持不足為難若當來世後五百歲其有眾
生得聞是經信解受持是人則為第一希
有何以故此人無我相人相眾生相壽者
相所以者何我相即是非相人相眾生相
壽者相即是非相何以故離一切諸相則
名諸佛佛告須菩提如是如是若復有人
得聞是經不驚不怖不畏當知是人甚為

希有。何以故。須菩提。如来說第一波羅蜜。
即非第一波羅蜜。是名第一波羅蜜。須菩提。
提。忍辱波羅蜜。如来說非忍辱波羅蜜。何
以故。須菩提。如我昔為歌利王割截身體。
我於爾時無我相。無人相。無眾生相。無壽
者相。何以故。我於往昔節節支解時。若有
我相。人相。眾生相。壽者相。應生瞋恨。須菩
提。又念過去於五百世。作忍辱仙人。於爾
所世。無我相。無人相。無眾生相。無壽者相。

是故須菩提。菩薩應離一切相。發阿耨多
羅三藐三菩提心。不應住色生心。不應住
聲香味觸法生心。應生無所住心。若心有
住。則為非住。是故佛說菩薩心。不應住色
布施。須菩提。菩薩為利益一切眾生。應如
是布施。如來說一切諸相。即是非相。又說
一切眾生。即非眾生。須菩提。如來是真語
者。實語者。如語者。不誑語者。不異語者。須
菩提。如來所得法。此法無實無虛。須菩提。

若菩薩心住於法而行布施。如人入闇。則
無所見。若菩薩心不住法而行布施。如人
有目。日光明照。見種種色。須菩提。當来之
世。若有善男子善女人。能於此經受持讀
誦。則為如来。以佛智慧。悉知是人。悉見是
人。皆得成就無量無邊功德。須菩提。若有
善男子善女人。初日分以恒河沙等身布
施。中日分復以恒河沙等身布施。後日分
亦以恒河沙等身布施。如是無量百千萬

億劫。以身布施。若復有人。聞此經典。信心不逆。其福勝彼。何況書寫受持讀誦。為人解說。須菩提。以要言之。是經有不可思議。不可稱量。無邊功德。如來為發大乘者說。為發最上乘者說。若有人能受持讀誦。廣為人說。如來悉知是人。悉見是人。皆得成就不可量。不可稱。無有邊。不可思議功德。如是人等。則為荷擔如來阿耨多羅三藐三菩提。何以故。須菩提。若樂小法者。著我

見人見衆生見壽者見。則於此經不能聽
受讀誦為人解說。須菩提。在在處處。若有
此經。一切世間天人阿修羅。所應供養。當
知此處。則為是塔。皆應恭敬。作禮圍繞。以
諸華香而散其處。復次須菩提。善男子善
女人受持讀誦此經。若為人輕賤。是人先
世罪業。應墮惡道。以今世人輕賤故。先世
罪業。則為消滅。當得阿耨多羅三藐三菩
提。須菩提。我念過去無量阿僧祇劫。於然

燈佛前。得值八百四千萬億那由他諸佛。悉皆供養承事無空過者。若復有人。於後末世。能受持讀誦此經。所得功德。於我所供養諸佛功德。百分不及一。千萬億分。乃至算數譬喻所不能及。須菩提。若善男子善女人。於後末世。有受持讀誦此經。所得功德。我若具說者。或有人聞。心則狂亂。狐疑不信。須菩提。當知是經義不可思議。果報亦不可思議。爾時須菩提白佛言。世尊。

善男子善女人。發阿耨多羅三藐三菩提
心。云何應住。云何降伏其心。佛告須菩提。
善男子善女人。發阿耨多羅三藐三菩提
心者。當生如是心。我應滅度一切衆生。滅
度一切衆生已。而無有一衆生實滅度者。
何以故。須菩提。若菩薩有我相人相衆生
相壽者相。則非菩薩。所以者何。須菩提。實
無有法。發阿耨多羅三藐三菩提心者。須
菩提。於意云何。如来於然燈佛所。有法得

阿耨多羅三藐三菩提不不也世尊如我
解佛所說義佛於然燈佛所無有法得阿
耨多羅三藐三菩提佛言如是如是須菩
提實無有法如来得阿耨多羅三藐三菩
提須菩提若有法如来得阿耨多羅三藐
三菩提者然燈佛則不與我授記汝於来
世當得作佛號釋迦牟尼以實無有法得
阿耨多羅三藐三菩提是故然燈佛與我
授記作是言汝於来世當得作佛號釋迦

牟尼何以故如来者即諸法如義若有人
言如来得阿耨多羅三藐三菩提須菩提
實無有法佛得阿耨多羅三藐三菩提須
菩提如来所得阿耨多羅三藐三菩提於
是中無實無虛是故如来說一切法皆是
佛法須菩提所言一切法者即非一切法
是故名一切法須菩提譬如人身長大須
菩提言世尊如来說人身長大則為非大
身是名大身須菩提菩薩亦如是若作是

言我當滅度無量眾生則不名菩薩何以
故須菩提實無有法名為菩薩是故佛說
一切法無我無人無眾生無壽者須菩提
若菩薩作是言我當莊嚴佛土是不名菩
薩何以故如来說莊嚴佛土者即非莊嚴
是名莊嚴須菩提若菩薩通達無我法者
如来說名真是菩薩須菩提於意云何如
来有肉眼不如是世尊如来有肉眼須菩
提於意云何如来有天眼不如是世尊如

来有天眼。須菩提。於意云何。如来有慧眼
不。如是。世尊。如来有慧眼。須菩提。於意云
何。如来有法眼不。如是。世尊。如来有法眼。
須菩提。於意云何。如来有佛眼不如是。世
尊。如来有佛眼。須菩提。於意云何。如恒河
中所有沙。佛説是沙不。如是。世尊。如来説
是沙。須菩提。於意云何。如一恒河中所有
沙。有如是沙等恒河。是諸恒河所有沙數
佛世界。如是寧為多不。甚多。世尊。佛告須

菩提爾所國土中所有衆生若干種心如来悉知何以故如来說諸心皆為非心是名為心所以者何須菩提過去心不可得現在心不可得未来心不可得須菩提於意云何若有人滿三千大千世界七寶以用布施是人以是因緣得福多不如是世尊此人以是因緣得福甚多須菩提若福德有實如来不說得福德多以福德無故如来說得福德多須菩提於意云何佛可

以具足色身見不。不也。世尊。如来不應以
具足色身見。何以故。如来説具足色身。即
非具足色身。是名具足色身。須菩提。於意
云何。如来可以具足諸相見不。不也。世尊。
如来不應以具足諸相見。何以故。如来説
諸相具足。即非具足。是名諸相具足。須菩
提。汝勿謂如来作是念。我當有所説法。莫
作是念。何以故。若人言。如来有所説法。即
為謗佛。不能解我所説故。須菩提。説法者。

無法可說是名說法爾時慧命須菩提白
佛言世尊頗有衆生於未來世聞說是法
生信心不佛言須菩提彼非衆生非不衆
生何以故須菩提衆生衆生者如來說非
衆生是名衆生須菩提白佛言世尊佛得
阿耨多羅三藐三菩提為無所得耶佛言
如是如是須菩提我於阿耨多羅三藐三
菩提乃至無有少法可得是名阿耨多羅
三藐三菩提復次須菩提是法平等無有

高下。是名阿耨多羅三藐三菩提。以無我
無人無衆生無壽者。修一切善法。則得阿
耨多羅三藐三菩提。須菩提。所言善法者。
如来說即非善法。是名善法。須菩提。若三
千大千世界中。所有諸須彌山王。如是等
七寶聚。有人持用布施。若人以此般若波
羅蜜經。乃至四句偈等。受持讀誦。為他人
說。於前福德。百分不及一。百千萬億分。乃
至算數譬喻所不能及。須菩提。於意云何。

汝等勿謂如来作是念。我當度衆生。須菩
提。莫作是念。何以故。實無有衆生如来度
者。若有衆生如来度者。如来則有我人衆
生壽者。須菩提。如来說有我者。則非有我。
而凡夫之人。以為有我。須菩提。凡夫者。如
来說則非凡夫。須菩提。於意云何。可以三
十二相觀如来不。須菩提言。如是如是。以
三十二相觀如来。佛言。須菩提。若以三十
二相觀如来者。轉輪聖王。則是如来。須菩

提白佛言。世尊。如我解佛所說義。不應以
三十二相觀如來。爾時世尊而說偈言。
若以色見我。以音聲求我。
是人行邪道。不能見如來。
須菩提。汝若作是念。如來不以具足相故
得阿耨多羅三藐三菩提。須菩提。莫作是
念。如來不以具足相故。得阿耨多羅三藐
三菩提。須菩提。汝若作是念。發阿耨多羅
三藐三菩提心者。說諸法斷滅。莫作是念。

何以故。發阿耨多羅三藐三菩提心者於
法不說斷滅相。須菩提。若菩薩以滿恒河
沙等世界七寶。持用布施。若復有人。知一
切法無我。得成於忍。此菩薩勝前菩薩所
得功德。何以故。須菩提。以諸菩薩不受福
德故。須菩提白佛言。世尊。云何菩薩不受
福德。須菩提。菩薩所作福德。不應貪著。是
故說不受福德。須菩提。若有人言。如来若
来若去。若坐若臥。是人不解我所說義。何

以故。如来者。無所從来。亦無所去。故名如
来。須菩提。若善男子善女人。以三千大千
世界碎為微塵。於意云何。是微塵衆。寧為
多不。須菩提言。甚多。世尊。何以故。若是微
塵衆實有者。佛則不說是微塵衆。所以者
何。佛說微塵衆。則非微塵衆。是名微塵衆。
世尊。如来所說三千大千世界。則非世界。
是名世界。何以故。若世界實有者。則是一
合相。如来說一合相。則非一合相。是名一

合相須菩提一合相者則是不可說但凡
夫之人貪著其事須菩提若人言佛說我
見人見眾生見壽者見須菩提於意云何
是人解我所說義不不也世尊是人不解
如来所說義何以故世尊說我見人見眾
生見壽者見即非我見人見眾生見壽者
見是名我見人見眾生見壽者見須菩提
發阿耨多羅三藐三菩提心者於一切法
應如是知如是見如是信解不生法相須

菩提。所言法相者。如来説即非法相。是名
法相。須菩提。若有人以滿無量阿僧祇世
界七寶。持用布施。若有善男子善女人。發
菩薩心者。持於此經。乃至四句偈等。受持
讀誦。為人演説。其福勝彼。云何為人演説。
不取於相。如如不動。何以故。
一切有為法。如夢幻泡影。
如露亦如電。應作如是觀。
佛説是經已。長老須菩提。及諸比丘比丘

尼優婆塞優婆夷一切世間天人阿修羅
聞佛所説皆大歡喜信受奉行
金剛般若波羅蜜經

真言

那謨婆伽跋帝 鉢喇壞 波羅弭多曳
唵伊利底 伊室利 輸盧馱 毘舍耶
毘舍耶 莎婆訶

金剛般若波羅蜜經

姚秦天竺三藏鳩摩羅什譯

如是我聞。一時佛在舍衛國祇樹給孤獨
園。與大比丘眾。千二百五十人俱。爾時世
尊食時。著衣持鉢。入舍衛大城乞食。於其
城中。次第乞已。還至本處。飯食訖。收衣鉢。
洗足已。敷座而坐。時長老須菩提。在大眾
中。即從座起。偏袒右肩。右膝著地。合掌恭
敬。而白佛言。希有世尊。如来善護念諸菩

薩。善付囑諸菩薩。世尊。善男子善女人。發阿耨多羅三藐三菩提心。云何應住。云何降伏其心。佛言。善哉善哉。須菩提。如汝所說。如來善護念諸菩薩。善付囑諸菩薩。汝今諦聽。當為汝說。善男子善女人。發阿耨多羅三藐三菩提心。應如是住。如是降伏其心。唯然。世尊。願樂欲聞。佛告須菩提。諸菩薩摩訶薩。應如是降伏其心。所有一切眾生之類。若卵生。若胎生。若濕生。若化生。

若有色。若無色。若有想。若無想。若非有想。
非無想。我皆令入無餘涅槃而滅度之。如
是滅度無量無數無邊眾生。實無眾生得
滅度者。何以故。須菩提。若菩薩有我相。人
相。眾生相。壽者相。即非菩薩。復次。須菩提。
菩薩於法。應無所住。行於布施。所謂不住
色布施。不住聲香味觸法布施。須菩提。菩
薩應如是布施。不住於相。何以故。若菩薩
不住相布施。其福德不可思量。須菩提。於

意云何。東方虛空可思量不。不也。世尊。須菩提。南西北方。四維上下虛空。可思量不。不也。世尊。須菩提。菩薩無住相布施。福德亦復如是不可思量。須菩提。菩薩但應如所教住。須菩提。於意云何。可以身相見如来不。不也。世尊。不可以身相得見如来。何以故。如来所說身相。即非身相。佛告須菩提。凡所有相。皆是虛妄。若見諸相非相。則見如来。須菩提白佛言。世尊。頗有衆生得聞如是言說章句。生實信不。佛告須菩提。
莫作是說。如來滅後。後五百歲。有持戒修
福者。於此章句。能生信心。以此為實。當知
是人。不於一佛二佛三四五佛而種善根。
已於無量千萬佛所種諸善根。聞是章句。
乃至一念生淨信者。須菩提。如來悉知悉
見。是諸眾生。得如是無量福德。何以故。是
諸眾生。無復我相。人相。眾生相。壽者相。無
法相。亦無非法相。何以故。是諸眾生。若心

取相。則為著我人衆生壽者。若取法相。即
著我人衆生壽者。何以故。若取非法相。即
著我人衆生壽者。是故不應取法。不應取
非法。以是義故。如来常説。汝等比丘。知我
説法。如筏喻者。法尚應捨。何況非法。須菩
提。於意云何。如来得阿耨多羅三藐三菩
提耶。如来有所説法耶。須菩提言。如我解
佛所説義。無有定法。名阿耨多羅三藐三
菩提。亦無有定法。如来可説。何以故。如来

所說法皆不可取不可說非法非非法所
以者何一切賢聖皆以無為法而有差別
須菩提於意云何若人滿三千大千世界
七寶以用布施是人所得福德寧為多不
須菩提言甚多世尊何以故是福德即非
福德性是故如來說福德多若復有人於
此經中受持乃至四句偈等為他人說其
福勝彼何以故須菩提一切諸佛及諸佛
阿耨多羅三藐三菩提法皆從此經出須

菩提所謂佛法者即非佛法須菩提於意
云何須陀洹能作是念我得須陀洹果不
須菩提言不也世尊何以故須陀洹名為
入流而無所入不入色聲香味觸法是名
須陀洹須菩提於意云何斯陀含能作是
念我得斯陀含果不須菩提言不也世尊
何以故斯陀含名一往来而實無往来是
名斯陀含須菩提於意云何阿那含能作
是念我得阿那含果不須菩提言不也世

尊。何以故。阿那含名為不來。而實無不來。是名阿那含。須菩提。於意云何。阿羅漢能作是念。我得阿羅漢道不。須菩提言。不也。世尊。何以故。實無有法名阿羅漢。世尊。若阿羅漢作是念。我得阿羅漢道。即為著我人眾生壽者。世尊。佛說我得無諍三昧。人中最為第一。是第一離欲阿羅漢。我不作是念。我是離欲阿羅漢。世尊。我若作是念。我得阿羅漢道。世尊則不說須菩提是樂

阿蘭那行者。以須菩提實無所行。而名須
菩提是樂阿蘭那行。佛告須菩提。於意云
何。如来昔在然燈佛所。於法有所得不。不
也。世尊。如来在然燈佛所。於法實無所得。
須菩提。於意云何。菩薩莊嚴佛土不。不也。
世尊。何以故。莊嚴佛土者。即非莊嚴。是名
莊嚴。是故須菩提。諸菩薩摩訶薩。應如是
生清淨心。不應住色生心。不應住聲香味
觸法生心。應無所住而生其心。須菩提。譬

如有人。身如須彌山王。於意云何。是身為
大不。須菩提言。甚大世尊。何以故。佛說非
身。是名大身。須菩提。如恒河中所有沙數。
如是沙等恒河。於意云何。是諸恒河沙。寧
為多不。須菩提言。甚多。世尊。但諸恒河尚
多無數。何況其沙。須菩提。我今實言告汝。
若有善男子善女人。以七寶滿汝所恒河
沙數三千大千世界。以用布施。得福多不。
須菩提言。甚多。世尊。佛告須菩提。若善男

子善女人。於此經中。乃至受持四句偈等。為他人說。而此福德。勝前福德。復次。須菩提。隨說是經。乃至四句偈等。當知此處。一切世間天人阿修羅。皆應供養。如佛塔廟。何況有人盡能受持讀誦。須菩提。當知是人。成就最上第一希有之法。若是經典所在之處。即為有佛。若尊重弟子。爾時須菩提白佛言。世尊。當何名此經。我等云何奉持。佛告須菩提。是經名為金剛般若波羅蜜。以是名字。汝當奉持。所以者何。須菩提。
佛説般若波羅蜜。即非般若波羅蜜。須菩
提。於意云何。如来有所説。法不。須菩提白
佛言。世尊。如来無所説。須菩提。於意云何。
三千大千世界所有微塵。是為多不。須菩
提言。甚多。世尊。須菩提。諸微塵。如来説非
微塵。是名微塵。如来説世界。非世界。是名
世界。須菩提。於意云何。可以三十二相見
如来不。不也。世尊。不可以三十二相得見

如来。何以故。如来說三十二相。即是非相。
是名三十二相。須菩提。若有善男子善女
人。以恒河沙等身命布施。若復有人。於此
經中。乃至受持四句偈等。為他人說。其福
甚多。爾時須菩提。聞說是經。深解義趣。涕
淚悲泣。而白佛言。希有世尊。佛說如是甚
深經典。我從昔来所得慧眼。未曾得聞如
是之經。世尊。若復有人得聞是經。信心清
淨。則生實相。當知是人。成就第一希有功

德世尊是實相者則是非相是故如来說
名實相世尊我今得聞如是經典信解受
持不足為難若當来世後五百歲其有眾
生得聞是經信解受持是人則為第一希
有何以故此人無我相人相眾生相壽者
相所以者何我相即是非相人相眾生相壽
壽者相即是非相何以故離一切諸相則
名諸佛佛告須菩提如是如是若復有人
得聞是經不驚不怖不畏當知是人甚為

希有。何以故。須菩提。如來說第一波羅蜜。
即非第一波羅蜜。是名第一波羅蜜。須菩
提。忍辱波羅蜜。如來說非忍辱波羅蜜。何
以故。須菩提。如我昔為歌利王割截身體。
我於爾時無我相。無人相。無眾生相。無壽
者相。何以故。我於往昔節節支解時。若有
我相。人相。眾生相。壽者相。應生瞋恨。須菩
提。又念過去於五百世。作忍辱仙人。於爾
所世。無我相。無人相。無眾生相。無壽者相。

是故須菩提菩薩應離一切相發阿耨多
羅三藐三菩提心不應住色生心不應住
聲香味觸法生心應生無所住心若心有
住則為非住是故佛說菩薩心不應住色
布施須菩提菩薩為利益一切眾生應如
是布施如来說一切諸相即是非相又說
一切眾生即非眾生須菩提如来是真語
者實語者如語者不誑語者不異語者須
菩提如来所得法此法無實無虛須菩提

若菩薩心住扵法而行布施如人入闇則
無所見若菩薩心不住法而行布施如人
有目日光明照見種種色須菩提當来之
世若有善男子善女人能扵此經受持讀
誦則為如来以佛智慧悉知是人悉見是
人皆得成就無量無邊功德須菩提若有
善男子善女人初日分以恒河沙等身布
施中日分復以恒河沙等身布施後日分
亦以恒河沙等身布施如是無量百千萬

億劫。以身布施。若復有人。聞此經典。信心
不逆。其福勝彼。何況書寫受持讀誦。為人
解說。須菩提。以要言之。是經有不可思議。
不可稱量。無邊功德。如來為發大乘者說。
為發最上乘者說。若有人能受持讀誦。廣
為人說。如來悉知是人。悉見是人。皆得成
就不可量。不可稱。無有邊。不可思議功德。
如是人等。則為荷擔如來阿耨多羅三藐
三菩提。何以故。須菩提。若樂小法者。著我

見人見眾生見壽者見。則於此經。不能聽
受讀誦。為人解說。須菩提。在在處處。若有
此經。一切世間天人阿修羅。所應供養。當
知此處。則為是塔。皆應恭敬。作禮圍繞。以
諸華香而散其處。復次。須菩提。善男子善
女人。受持讀誦此經。若為人輕賤。是人先
世罪業。應墮惡道。以今世人輕賤故。先世
罪業。則為消滅。當得阿耨多羅三藐三菩
提。須菩提。我念過去無量阿僧祇劫。於然

燈佛前。得值八百四千萬億那由他諸佛。悉皆供養。承事無空過者。若復有人於後末世。能受持讀誦此經。所得功德。於我所供養諸佛功德。百分不及一。千萬億分。乃至算數譬喻所不能及。須菩提。若善男子善女人。於後末世。有受持讀誦此經。所得功德。我若具說者。或有人聞。心則狂亂。狐疑不信。須菩提。當知是經義不可思議。果報亦不可思議。爾時須菩提白佛言。世尊。

善男子善女人。發阿耨多羅三藐三菩提
心。云何應住。云何降伏其心。佛告須菩提。
善男子善女人。發阿耨多羅三藐三菩提
心者。當生如是心。我應滅度一切衆生。滅
度一切衆生已。而無有一衆生實滅度者。
何以故。須菩提。若菩薩有我相人相衆生
相壽者相。則非菩薩。所以者何。須菩提。實
無有法。發阿耨多羅三藐三菩提心者。須
菩提。於意云何。如来於然燈佛所。有法得

阿耨多羅三藐三菩提不。不也。世尊。如我
解佛所說義。佛於然燈佛所。無有法得阿
耨多羅三藐三菩提。佛言。如是如是。須菩
提。實無有法。如来得阿耨多羅三藐三菩
提。須菩提。若有法。如来得阿耨多羅三藐
三菩提者。然燈佛則不與我授記。汝於来
世當得作佛。號釋迦牟尼。以實無有法得
阿耨多羅三藐三菩提。是故然燈佛與我
授記。作是言。汝於来世當得作佛。號釋迦

年尼。何以故。如来者。即諸法如義。若有人
言。如来得阿耨多羅三藐三菩提。須菩提。
實無有法。佛得阿耨多羅三藐三菩提。須
菩提。如来所得阿耨多羅三藐三菩提於
是中無實無虛。是故如来説一切法。皆是
佛法。須菩提。所言一切法者。即非一切法。
是故名一切法。須菩提。譬如人身長大。須
菩提言。世尊。如来説人身長大。則為非大
身。是名大身。須菩提。菩薩亦如是。若作是

言。我當滅度無量眾生。則不名菩薩。何以
故。須菩提。實無有法。名為菩薩。是故佛說
一切法無我無人無眾生無壽者。須菩提。
若菩薩作是言。我當莊嚴佛土。是不名菩
薩。何以故。如來說莊嚴佛土者。即非莊嚴。
是名莊嚴。須菩提。若菩薩通達無我法者。
如來說名真是菩薩。須菩提。於意云何。如
來有肉眼不。如是。世尊。如來有肉眼。須菩
提。於意云何。如來有天眼不。如是。世尊。如

来有天眼。須菩提。於意云何。如来有慧眼
不。如是世尊。如来有慧眼。須菩提。於意云
何。如来有法眼不。如是。世尊。如来有法眼。
須菩提。於意云何。如来有佛眼不。如是。世
尊。如来有佛眼。須菩提。於意云何。如恒河
中所有沙。佛說是沙不。如是。世尊。如来說
是沙。須菩提。於意云何。如一恒河中所有
沙。有如是沙等恒河。是諸恒河所有沙數
佛世界。如是寍為多不。甚多。世尊。佛告須

菩提。爾所國土中。所有衆生。若干種心。如来悉知。何以故。如来説諸心。皆為非心。是名為心。所以者何。須菩提。過去心不可得。現在心不可得。未来心不可得。須菩提。於意云何。若有人滿三千大千世界七寶。以用布施。是人以是因緣。得福多不。如是。世尊。此人以是因緣。得福甚多。須菩提。若福德有實。如来不説得福德多。以福德無故。如来説得福德多。須菩提。於意云何。佛可

以具足色身見不。不也。世尊。如來不應以
具足色身見。何以故。如來說具足色身。即
非具足色身。是名具足色身。須菩提。於意
云何。如來可以具足諸相見不。不也。世尊。
如來不應以具足諸相見。何以故。如來說
諸相具足。即非具足。是名諸相具足。須菩
提。汝勿謂如來作是念。我當有所說法。莫
作是念。何以故。若人言。如來有所說法。即
為謗佛。不能解我所說故。須菩提。說法者。

無法可説是名説法爾時慧命須菩提白
佛言世尊頗有衆生於未来世聞説是法
生信心不佛言須菩提彼非衆生非不衆
生何以故須菩提衆生衆生者如来説非
衆生是名衆生須菩提白佛言世尊佛得
阿耨多羅三藐三菩提為無所得耶佛言
如是如是須菩提我於阿耨多羅三藐三
菩提乃至無有少法可得是名阿耨多羅
三藐三菩提復次須菩提是法平等無有

高下。是名阿耨多羅三藐三菩提。以無我無人無衆生無壽者。修一切善法。則得阿耨多羅三藐三菩提。須菩提。所言善法者。如来説即非善法。是名善法。須菩提。若三千大千世界中。所有諸須彌山王。如是等七寶聚。有人持用布施。若人以此般若波羅蜜經。乃至四句偈等。受持讀誦。為他人説。於前福德。百分不及一。百千萬億分。乃至算數譬喻所不能及。須菩提。於意云何。

汝等勿謂如来作是念。我當度衆生。須菩
提。莫作是念。何以故。實無有衆生如来度
者。若有衆生如来度者。如来則有我人衆
生壽者。須菩提。如来説有我者。則非有我。
而凡夫之人。以為有我。須菩提。凡夫者。如
来説則非凡夫。須菩提。於意云何。可以三
十二相觀如来不。須菩提言。如是如是。以
三十二相觀如来。佛言。須菩提。若以三十
二相觀如来者。轉輪聖王。則是如来。須菩

提白佛言。世尊。如我解佛所說義。不應以
三十二相觀如来。爾時世尊而說偈言。
若以色見我。以音聲求我。
是人行邪道。不能見如来。
須菩提。汝若作是念。如来不以具足相故。
得阿耨多羅三藐三菩提。須菩提。莫作是
念。如来不以具足相故。得阿耨多羅三藐
三菩提。須菩提。汝若作是念。發阿耨多羅
三藐三菩提心者。說諸法斷滅。莫作是念。

何以故。發阿耨多羅三藐三菩提心者。於
法不說斷滅相。須菩提。若菩薩以滿恒河
沙等世界七寶。持用布施。若復有人。知一
切法無我。得成於忍。此菩薩勝前菩薩所
得功德。何以故。須菩提。以諸菩薩不受福
德故。須菩提白佛言。世尊。云何菩薩不受
福德。須菩提。菩薩所作福德。不應貪著。是
故說不受福德。須菩提。若有人言。如來若
來若去。若坐若臥。是人不解我所說義。何

以故如来者無所從来亦無所去故名如
来須菩提若善男子善女人以三千大千
世界碎為微塵於意云何是微塵衆寧為
多不須菩提言甚多世尊何以故若是微
塵衆實有者佛則不說是微塵衆所以者
何佛說微塵衆則非微塵衆是名微塵衆
世尊如来所說三千大千世界則非世界
是名世界何以故若世界實有者則是一
合相如来說一合相則非一合相是名一

合相。須菩提。一合相者。則是不可說。但凡夫之人。貪著其事。須菩提。若人言。佛說我見人見眾生見壽者見。須菩提。於意云何。是人解我所說義不。不也。世尊。是人不解如來所說義。何以故。世尊說我見人見眾生見壽者見。即非我見人見眾生見壽者見。是名我見人見眾生見壽者見。須菩提。發阿耨多羅三藐三菩提心者。於一切法。應如是知。如是見。如是信解。不生法相。須

菩提。所言法相者。如来説即非法相。是名
法相。須菩提。若有人以滿無量阿僧祇世
界七寶。持用布施。若有善男子善女人。發
菩薩心者。持於此經。乃至四句偈等。受持
讀誦。為人演説。其福勝彼。云何為人演説。
不取於相。如如不動。何以故。
一切有為法。如夢幻泡影。
如露亦如電。應作如是觀。
佛説是經已。長老須菩提。及諸比丘比丘

尼。優婆塞優婆夷。一切世間。天人阿修羅。

聞佛所說。皆大歡喜。信受奉行。

金剛般若波羅蜜經

真言

那謨婆伽跋帝　鉢喇壤　波羅弭多曳

唵伊利底　伊室利　輸盧馱　毘舍耶

毘舍耶　莎婆訶

寫・金剛經

作　　者　張明明
封面設計　莊謹銘
內頁排版　高巧怡
行銷企劃　陳慧敏、蕭浩仰
行銷統籌　駱漢琦
業務發行　邱紹溢
責任編輯　林芳吟
總 編 輯　李亞南

出　　版　漫遊者文化事業股份有限公司
地　　址　台北市松山區復興北路331號4樓
電　　話　(02) 2715-2022
傳　　真　(02) 2715-2021
服務信箱　service@azothbooks.com
網路書店　www.azothbooks.com
臉　　書　www.facebook.com/azothbooks.read
營運統籌　大雁文化事業股份有限公司
地　　址　台北市松山區復興北路333號11樓之4
劃撥帳號　50022001
戶　　名　漫遊者文化事業股份有限公司
初版一刷　2022年4月
初版四刷　2022年10月
定　　價　台幣280元
EAN　2-28459766-006-1